Murray Clan Crest

Tout Prest (Quite ready)

This Book Belongs To:

_____

Phone:_____

Email:_____

M

M

M

M

M

M

M

M

M

M

M

M

M

M

M

M

M

M

M

M

M

M

M

M

M

M

M

M

M

M

M

M

M

M

M

M

M

M

M

M

M

M

M

M

M

M

M

M

M

M

M

M

M

M

M

M

M

M

M

M

M

M

M

M

M

M

M

M

M

M

M

M

M

M

M

M

M

M

M

M

M

M

M

M

M

M

M

M

M

M

M

M

M

M

M

M

M

M

M

M

Made in the USA
Monee, IL
15 January 2023

25350371R00059